colegio - ysgol	2
viaje - teithio	5
transporte - cludiant	8
ciudad - dinas	10
paisaje - tirwedd	14
restaurante - bwyty	17
supermercado - archfarchnad	20
bebidas - diodydd	22
comida - bwyd	23
granja - fferm	27
casa - tŷ	31
living - lolfa	33
cocina - cegin	35
baño - ystafell ymolchi	38
cuarto de los chicos - ystafell plentyn	42
ropa - dillad	44
oficina - swyddfa	49
economía - economi	51
ocupaciones - swyddi	53
herramientas - offer	56
instrumentos musicales - offerynnau cerdd	57
zoológico - sŵ	59
deportes - chwaraeon	62
actividades - gweithgareddau	63
familia - teulu	67
cuerpo - corff	68
hospital - ysbyty	72
emergencia - argyfwng	76
Tierra - y Ddaear	77
reloj - cloc	79
semana - wythnos	80
año - blwyddyn	81
formas - siapiau	83
colores - lliwiau	84
opuestos - cyferbyniadau	85
números - rhifau	88
idiomas - ieithoedd	90
quién / qué / cómo - pwy / beth / sut	91
dónde - ble	92

Impressum
Verlag: BABADADA GmbH, Nedderfeld 112 , 22529 Hamburg
Geschäftsführer / Verlagsleitung: Harald Hof
Druck: Books on Demand GmbH, In de Tarpen 42, 22848 Norderstedt

Imprint
Publisher: BABADADA GmbH, Nedderfeld 112 , 22529 Hamburg, Germany
Managing Director / Publishing direction: Harald Hof
Print: Books on Demand GmbH, In de Tarpen 42, 22848 Norderstedt

colegio

ysgol

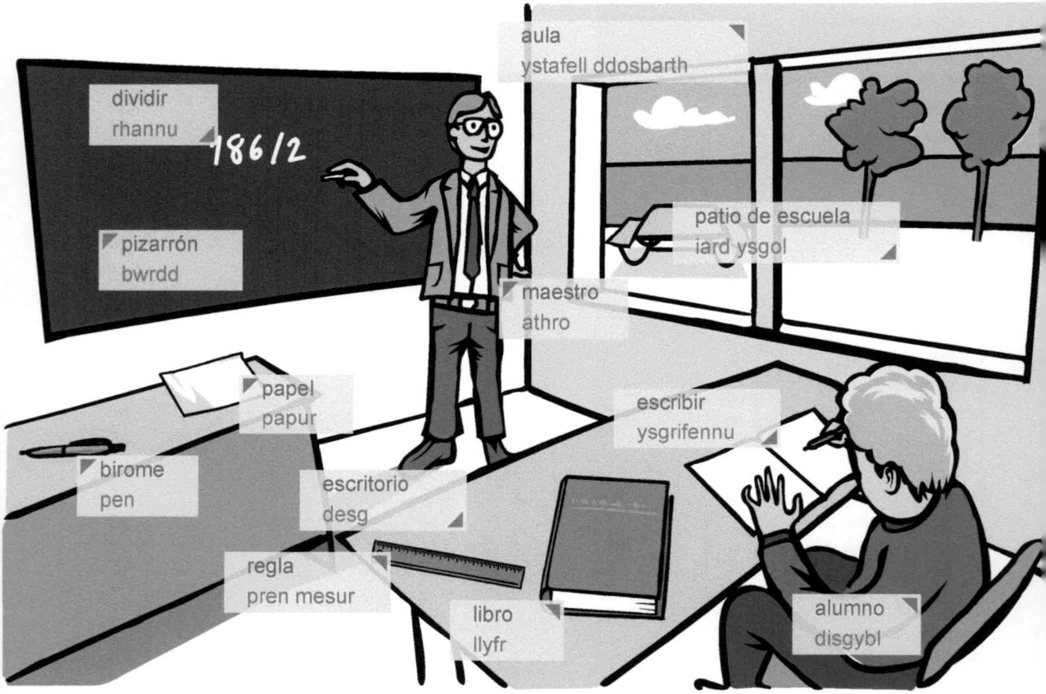
aula
ystafell ddosbarth
dividir
rhannu
186/2
pizarrón
bwrdd
patio de escuela
iard ysgol
maestro
athro
papel
papur
escribir
ysgrifennu
birome
pen
escritorio
desg
regla
pren mesur
libro
llyfr
alumno
disgybl

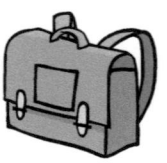

mochila

bag ysgol

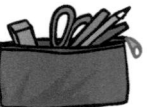

caja de lápices

blwch penseli

lápiz

pensil

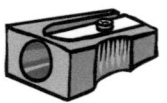

sacapuntas

peth rhoi min ar bensil

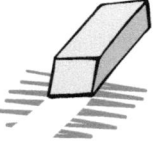

goma (de borrar)

rwber

bloc de dibujo

pad arlunio

dibujo
llun

pincel
brws paent

caja de pinturas
blwch paent

tijera
siswrn

pegamento
glud

cuaderno de ejercicios
llyfr ysgrifennu

tarea
gwaith cartref

número
rhif

2+2

sumar
ychwanegu

5-2

restar
tynnu

multiplicar
lluosi

calcular
cyfrifo

letra
llythyren

abecedario
gwyddor

palabra
gair

texto

testun

leer

darllen

tiza

sialc

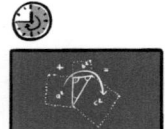

lección

gwers

cuaderno de clase

cofrestr

examen

arholiad

certificado

tystysgrif

uniforme escolar

gwisg ysgol

educación

addysg

enciclopedia

gwyddoniadur

universidad

prifysgol

microscopio

microsgop

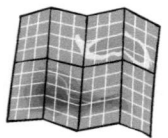

mapa

map

tacho (de basura)

basged papur gwastraff

viaje
teithio

hotel
gwesty
Grand
hostel
hostel
ROOMS
EXCHANGE
casa de cambio
swyddfa gyfnewid
valija
cês dillad
auto
car

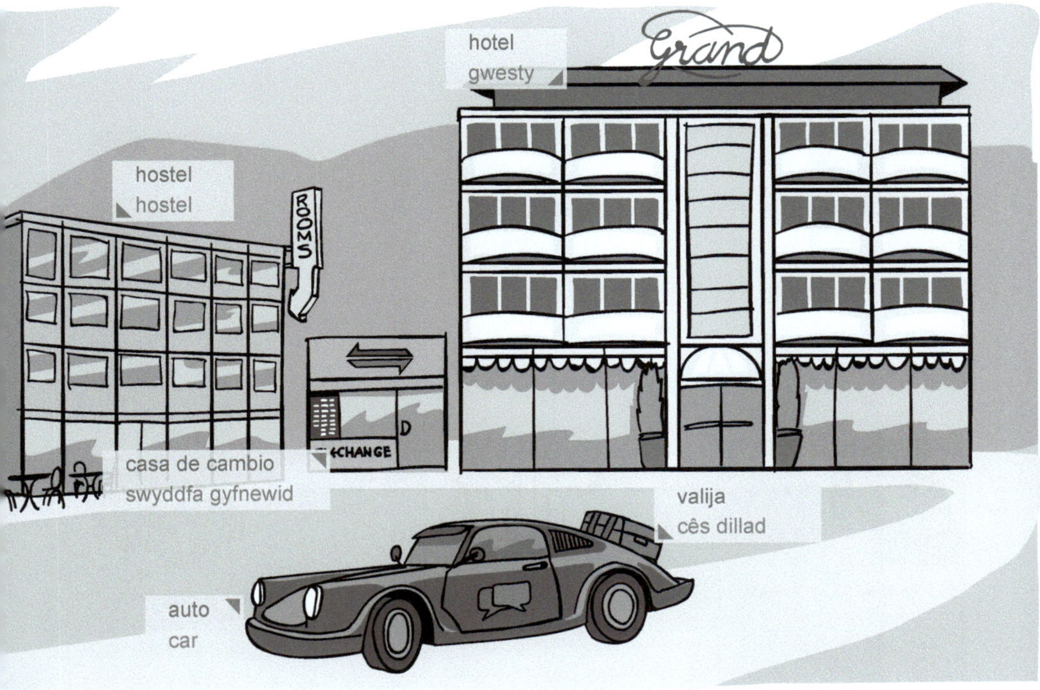

idioma

iaith

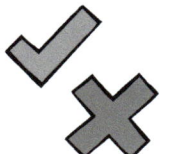

sí / no

ie / na

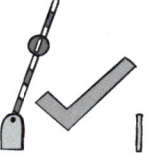

Está bien

iawn

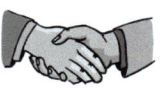

hola

helo

traductor

cyfieithydd

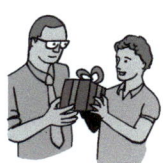

Gracias

Diolch yn fawr

¿cuánto cuesta…?

faint yw …?

No entiendo

Dw i ddim yn deall

problema

problem

¡Buenas tardes!

Noswaith dda!

¡Buenos días!

Bore da!

¡Buenas noches!

Nos da!

adiós

hwyl

dirección

cyfarwyddyd

equipaje

bagiau

bolso

bag

mochila

gwarbac

invitado

gwestai

habitación

ystafell

bolsa de dormir

sach gysgu

carpa

pabell

información turística

gwybodaeth i ymwelwyr

playa

traeth

tarjeta de crédito

cerdyn credyd

desayuno

brecwast

almuerzo

cinio

cena

swper

pasaje

tocyn

ascensor

lifft

sello

stamp

frontera

ffin

aduana

tollau

embajada

llysgenhadaeth

visa

fisa

pasaporte

pasbort

transporte
cludiant

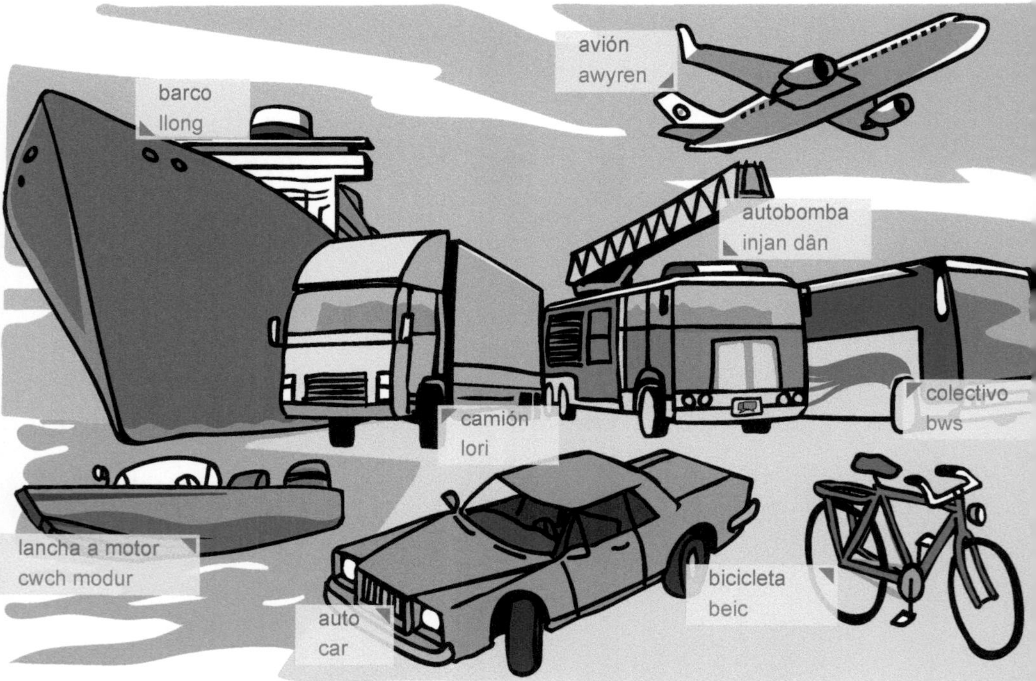

avión
awyren
barco
llong
autobomba
injan dân
camión
lori
colectivo
bws
lancha a motor
cwch modur
bicicleta
beic
auto
car

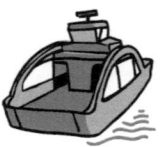

ferry

fferi

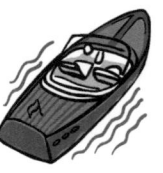

bote

cwch

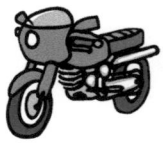

moto

beic modur

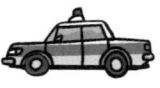

patrullero

car yr heddlu

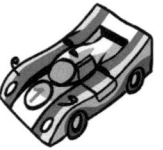

auto de carreras

car rasio

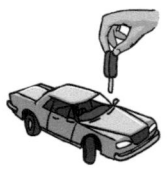

auto de alquiler

car wedi'i rentu

alquiler de autos

rhannu car

grúa

lori tynnu

camión de basura

lori ysbwriel

motor

modur

nafta

tanwydd

estación de servicio

gorsaf betrol

señal de tránsito

arwydd traffig

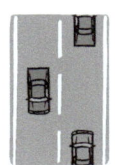

tránsito

traffig

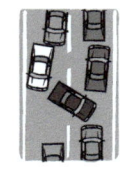

embotellamiento

tagfa draffig

estacionamiento

maes parcio

estación de tren

gorsaf drennau

vías

traciau

tren

trên

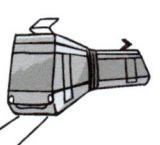

tranvía

tram

vagón

wagen

helicóptero

hofrennydd

aeropuerto

maes awyr

torre

twr

pasajero

teithiwr

contenedor

cynhwysydd

caja de cartón

paced

carretilla

cert

canasta

basged

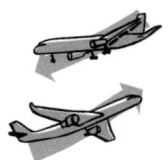

despegar / aterrizar

esgyn / glanio

ciudad
dinas

pueblo

pentref

centro de ciudad

canol y ddinas

casa

tŷ

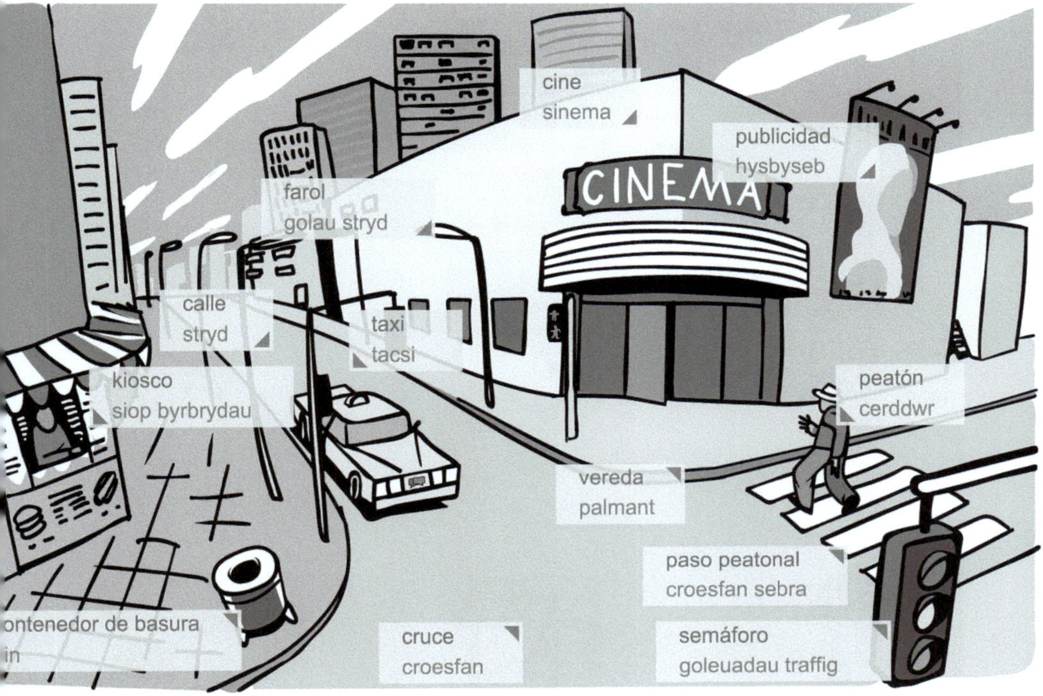

cine
sinema

publicidad
hysbyseb

farol
golau stryd

CINEMA

calle
stryd

taxi
tacsi

peatón
cerddwr

kiosco
siop byrbrydau

vereda
palmant

paso peatonal
croesfan sebra

ontenedor de basura
in

cruce
croesfan

semáforo
goleuadau traffig

cabaña

cwt

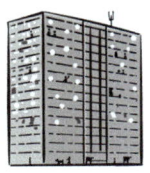

departamento

fflat

estación de tren

gorsaf drennau

municipalidad

neuadd y dref

museo

amgueddfa

colegio

ysgol

universidad

prifysgol

banco

banc

hospital

ysbyty

hotel

gwesty

farmacia

fferyllfa

oficina

swyddfa

librería

siop lyfrau

negocio

siop

florería

siop flodau

supermercado

archfarchnad

mercado

farchnad

grandes tiendas

siop adrannol

pescadería

siop bysgod

centro comercial

canolfan siopa

puerto

harbwr

parque

parc

banco

banc

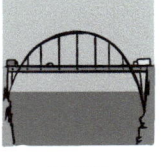

puente

pont

escaleras

grisiau

subte

rheilffordd danddaearol

túnel

twnnel

parada del colectivo

safle bws

bar

bar

restaurante

bwyty

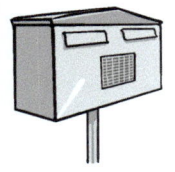

buzón

blwch post

letrero

arwydd stryd

parquímetro

mesurydd parcio

zoológico

sŵ

pileta

pwll nofio

mezquita

mosg

granja

fferm

contaminación

llygredd

cementerio

mynwent

iglesia

eglwys

juegos infantiles

maes chwarae

templo

teml

paisaje
tirwedd

hoja
deilen

poste indicador
arwydd cyfeirio

camino
ffordd

pradera
dôl

piedra
carreg

árbol
coeden

excursionista
heiciwr

río
afon

hierba
glaswellt

flor
blodyn

valle

cwm

montaña

bryn

lago

llyn

bosque

coedwig

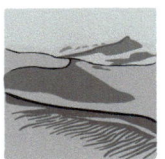

desierto

anialwch

volcán

llosgfynydd

castillo

castell

arco iris

enfys

champiñón

madarchen

palmera

palmwydden

mosquito

mosgito

mosca

pryf

hormiga

morgrugyn

abeja

gwenyn

araña

pryf copyn

escarabajo
chwilen

rana
llyffant

ardilla
gwiwer

erizo
draenog

liebre
ysgyfarnog

lechuza
tylluan

pájaro
aderyn

cisne
alarch

jabalí
baedd

ciervo
carw

alce
elc

presa
argae

aerogenerador
tyrbin gwynt

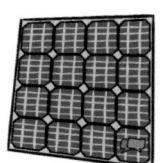

panel solar
panel haul

clima
hinsawdd

restaurante
bwyty

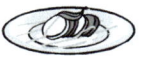

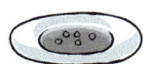

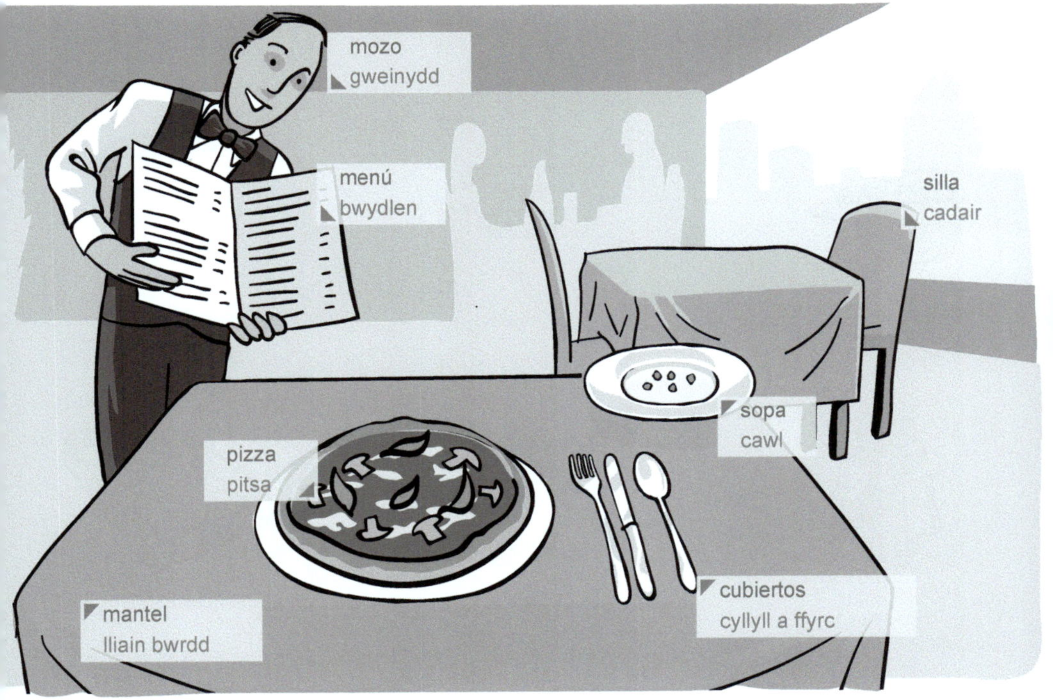

mozo
gweinydd
menú
bwydlen
silla
cadair
sopa
cawl
pizza
pitsa
cubiertos
cyllyll a ffyrc
mantel
lliain bwrdd

entrada

cwrs cyntaf

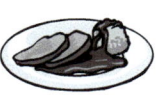

plato principal

prif gwrs

postre

pwdin

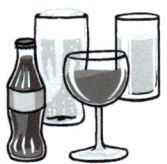

bebidas

diodydd

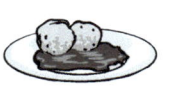

comida

bwyd

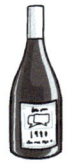

botella

potel

comida rápida

bwyd cyflym

comida callejera

bwyd y stryd

tetera

tebot

azucarera

powlen siwgr

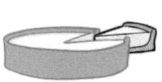

porción

dogn

cafetera expreso

peiriant espresso

sillita alta

cadair plentyn

cuenta

bil

bandeja

hambwrdd

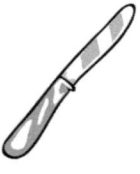

cuchillo

cyllell

tenedor

fforc

cuchara

llwy

cucharita

llwy de

servilleta

napcyn

vaso

gwydr

plato

plât

plato hondo

plât cawl

plato

soser

salsa

saws

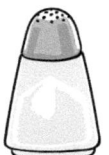

salero

pot halen

molinillo de pimienta

melin bupur

vinagre

finegr

aceite

olew

especias

sbeisys

kétchup

saws coch

mostaza

mwstard

mayonesa

mayonnaise

supermercado
archfarchnad

oferta especial
cynnig arbennig
FOR
cliente
cwsmer
lácteos
cynnyrch llaeth
fruta
ffrwythau
changuito
troli

BUTCHERS

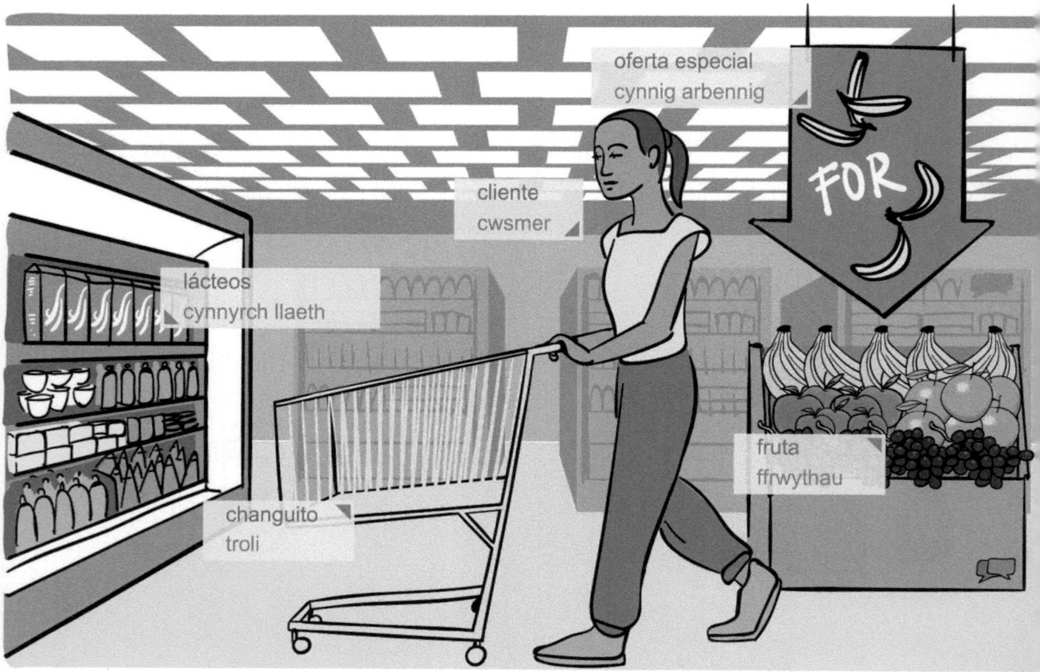

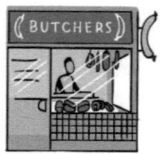

carnicería

siop gig

BAKERY

panadería

siop fara

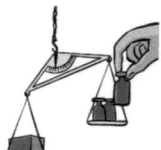

pesar

pwyso

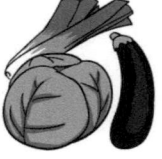

verduras

llysiau

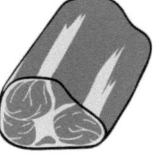

carne

cig

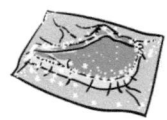

alimentos congelados

Bwyd wedi'i rewi

fiambres

cig oer

alimentos enlatados

bwyd tun

detergente en polvo

powdr golchi

golosinas

da-da

electrodomésticos

cynnyrch cartref

productos de limpieza

cynhyrchion glanhau

vendedora

gwerthwraig

caja

til

cajero

ariannwr

lista de compras

rhestr siopa

horario de atención

oriau agor

billetera

waled

tarjeta de crédito

cerdyn credyd

cartera

bag

bolsa de plástico

bag plastig

agua

dŵr

jugo

sudd

leche

llefrith

bebida cola

côc

vino

gwin

cerveza

cwrw

alcohol

alcohol

cacao

coco

té

te

café

coffi

café expreso

espresso

cappuccino

cappuccino

banana

ffrwchledd

manzana

afal

naranja

oren

melón

melon

limón

lemwn

zanahoria

moronen

ajo

garlleg

bambú

bambŵ

cebolla

nionyn

champiñón

madarchen

nueces

cnau

fideos

nwdls

tallarines

sbageti

arroz

reis

ensalada

salad

papas fritas

sglodion

papas fritas

tatws wedi'u ffrïo

pizza

pitsa

hamburguesa

hambyrger

sándwich

brechdan

churrasco

cytled

jamón

ham

salame

salami

salchicha

selsig

pollo

cyw iâr

asado

rhost

pescado

pysgodyn

copos de avena

ceirch uwd

muesli

miwsli

copos de maíz

creision ŷd

harina

blawd

medialuna

croissant

pancito

bynsen

pan

bara

tostada

tost

galletitas

bisgedi

manteca

menyn

cuajada

ceuled

torta

teisen

huevo

wy

huevo frito

wy wedi'i ffrïo

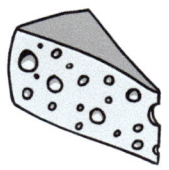

queso

caws

helado

hufen iâ

azúcar

siwgr

miel

mêl

mermelada

jam

pasta de chocolate

siocled taenu

curry

cyri

granja

fferm

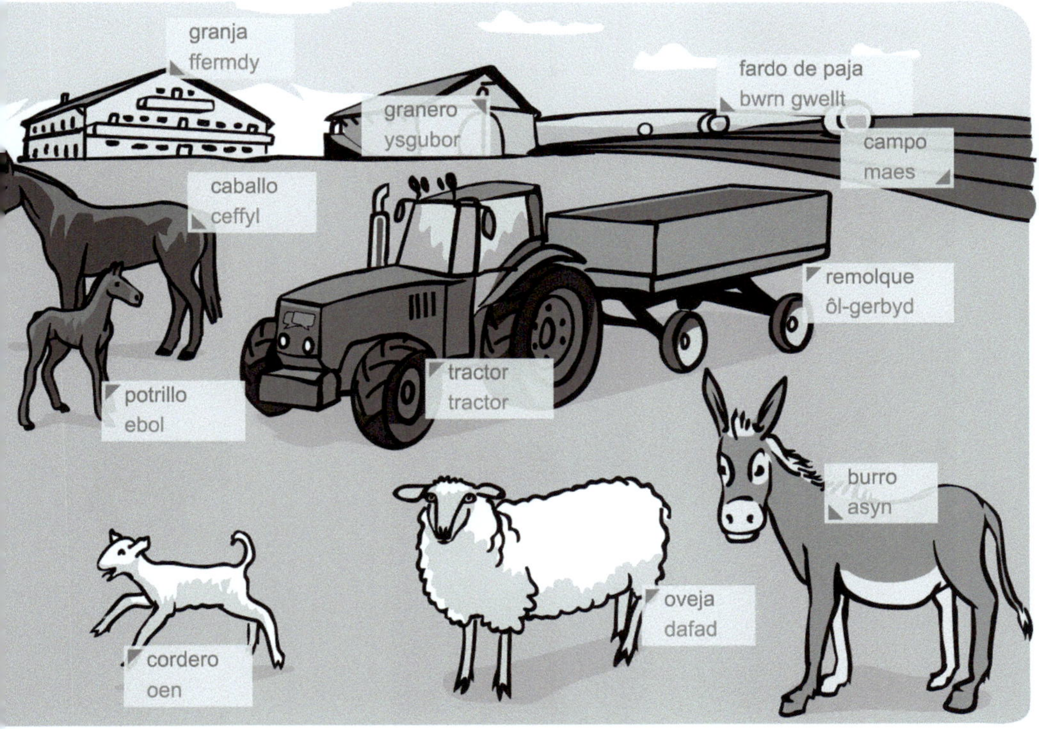
granja
ffermdy
granero
ysgubor
fardo de paja
bwrn gwellt
campo
maes
caballo
ceffyl
remolque
ôl-gerbyd
tractor
tractor
potrillo
ebol
burro
asyn
oveja
dafad
cordero
oen

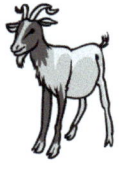

cabra

gafr

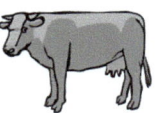

vaca

buwch

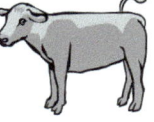

ternero

llo

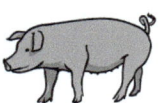

cerdo

mochyn

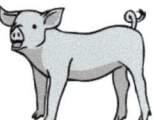

lechón

porchell

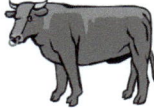

toro

tarw

ganso

gwydd

pato

hwyaden

pollo

cyw

gallina

iâr

gallo

ceiliog

rata

llygoden fawr

gato

cath

ratón

llygoden

buey

ych

perro

ci

cucha

cwt ci

manguera

pibell ddŵr

regadera

can dŵr

guadaña

pladur

arado

aradr

hoz

cryman

azada

fforch chwynu

horquilla

picwarch

hacha

bwyell

carretilla

berfa

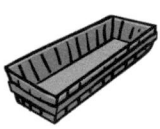

abrevadero

cafn

lechera

tun llefrith

bolsa

sach

reja

ffens

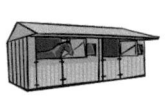

establo

stabl

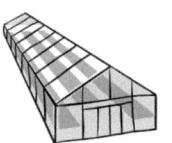

invernadero

tŷ gwydr

suelo

pridd

semilla

hedyn

fertilizador

gwrtaith

cosechadora

dyrnwr medi

cosechar

cynaeafu

cosecha

cynhaeaf

batatas

iamau

trigo

gwenith

soja

soi

papa

tysen

maíz

grawn

semilla de colza

had rêp

árbol frutal

coeden ffrwythau

mandioca

manioc

cereales

grawnfwydydd

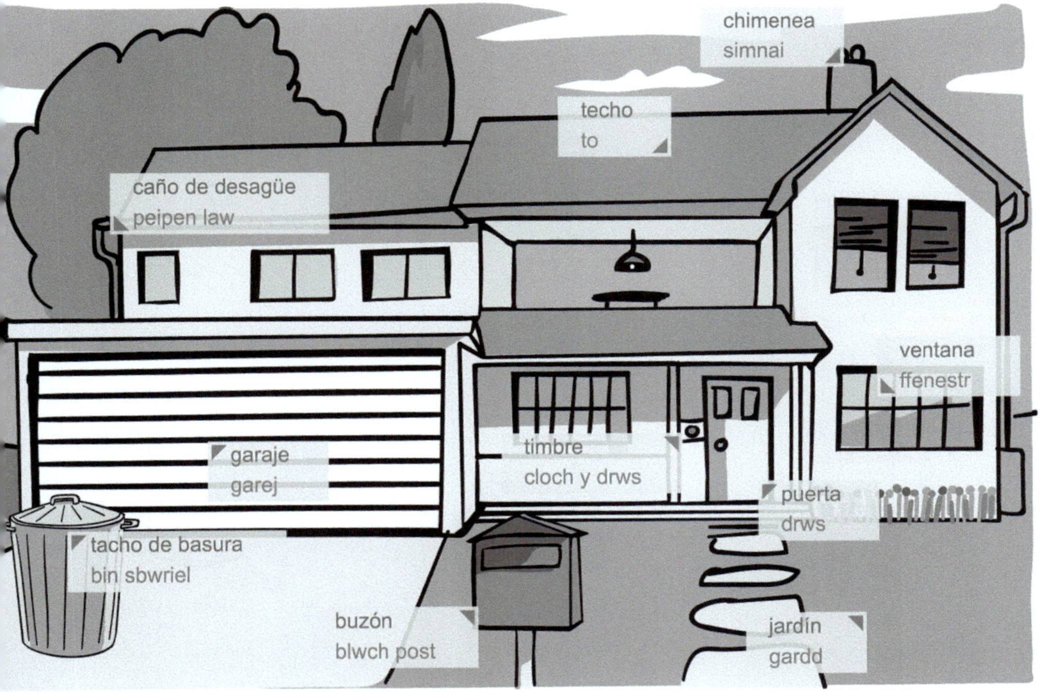

chimenea
simnai

techo
to

caño de desagüe
peipen law

ventana
ffenestr

garaje
garej

timbre
cloch y drws

puerta
drws

tacho de basura
bin sbwriel

buzón
blwch post

jardín
gardd

living

lolfa

baño

ystafell ymolchi

cocina

cegin

dormitorio

ystafell wely

cuarto de los chicos

ystafell plentyn

comedor

ystafell fwyta

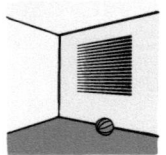

piso

llawr

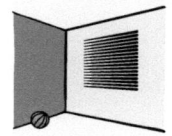

pared

wal

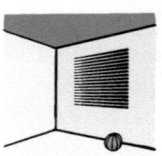

cielorraso

nenfwd

sótano

seler

sauna

sawna

balcón

balconi

terraza

teras

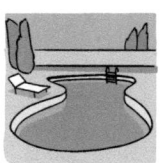

pileta

pwll

cortadora de pasto

peiriant torri gwair

sábana

taflen

acolchado

gorchudd gwely

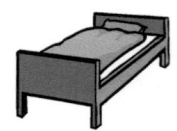

cama

gwely

escoba

ysgub

balde

bwced

interruptor

swits

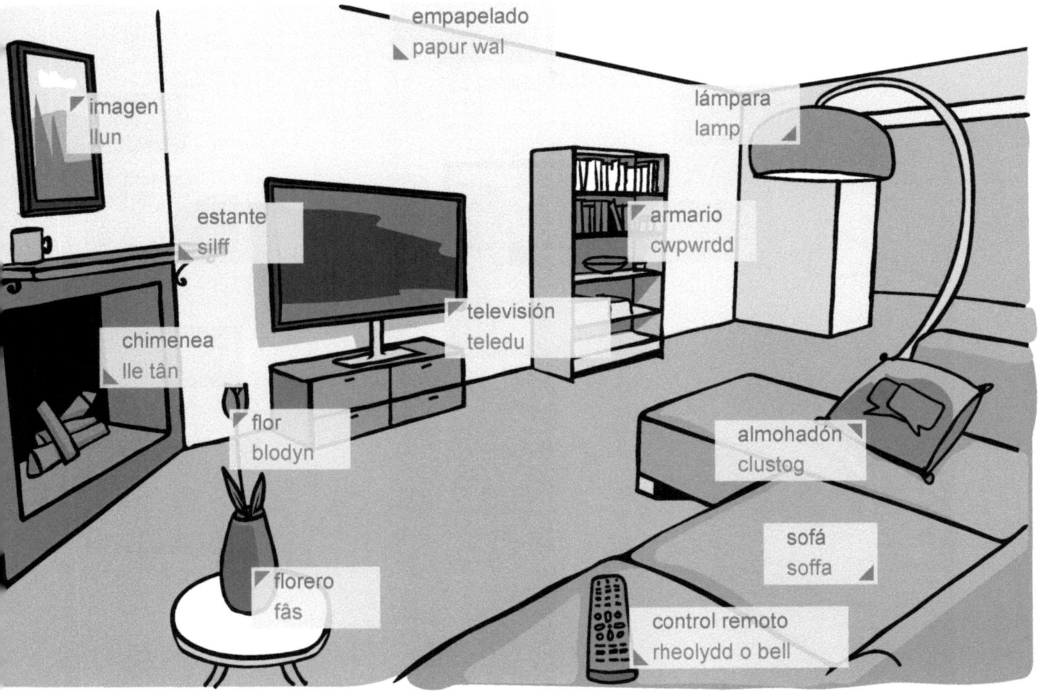

empapelado
papur wal

imagen
llun

lámpara
lamp

estante
silff

armario
cwpwrdd

chimenea
lle tân

televisión
teledu

flor
blodyn

almohadón
clustog

sofá
soffa

florero
fâs

control remoto
rheolydd o bell

alfombra
carped

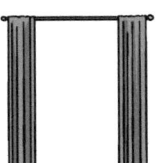

cortina
llen

mesa
bwrdd

silla
cadair

mecedora
cadair siglo

sillón
cadair freichiau

libro
llyfr

frazada
blanced

decoración
addurn

leña
coed tân

película
ffilm

equipo de música
hi-fi

llave
agoriad

diario
papur newydd

pintura
darlun

póster
poster

radio
radio

cuaderno
llyfr nodiadau

aspiradora
hwfer

cactus
cactws

vela
cannwyll

cocina
cegin

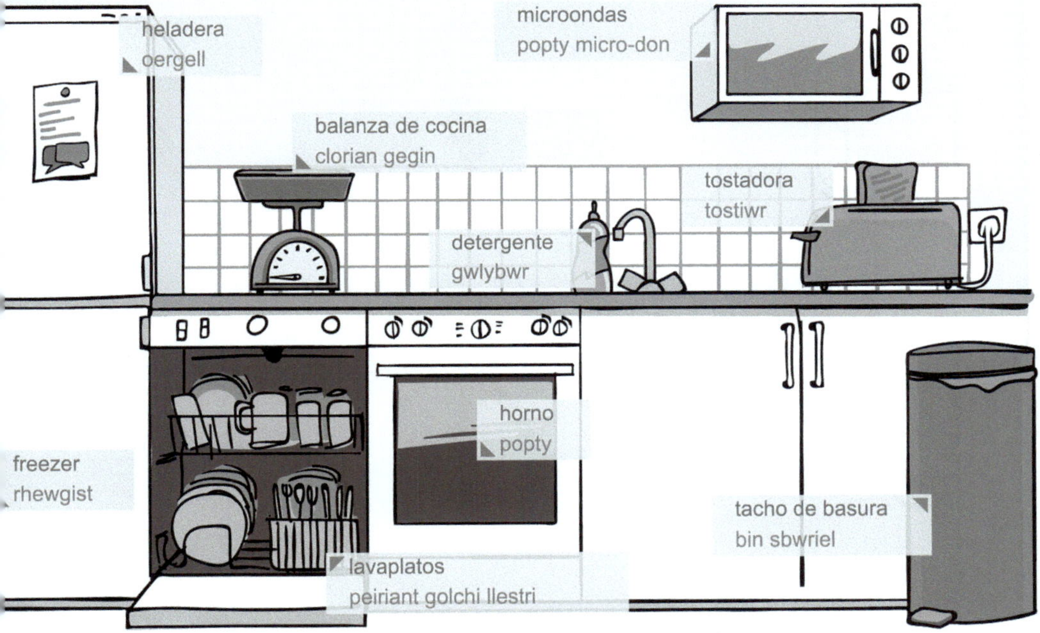
heladera
oergell
microondas
popty micro-don
balanza de cocina
clorian gegin
tostadora
tostiwr
detergente
gwlybwr
horno
popty
freezer
rhewgist
tacho de basura
bin sbwriel
lavaplatos
peiriant golchi llestri

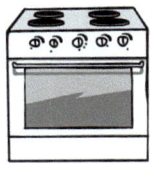

cocina
popty

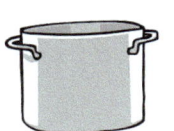

olla
pot

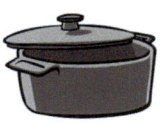

olla de hierro fundido
pot haearn bwrw

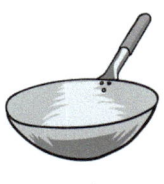

wok
wok / kadai

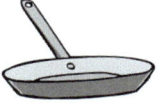

sartén
padell

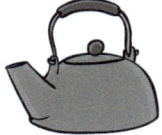

pava
tegell

vaporera

sosban stemio

bandeja de horno

hambwrdd pobi

vajilla

llestri

taza

mwg

bol

powlen

palitos

gweill bwyta

cucharón

lletwad

estpátula

ysbodol

batidora

chwisg

colador

hidlydd

colador

gogr

rallador

gratiwr

mortero

morter

parrilla

barbeciw

fogata

tân agored

tabla de picar

bwrdd torri cig

palo de amasar

rholbren

sacacorchos

tynnwr corcyn

lata

tun

abrelatas

peth agor tuniau

manopla

clwt pot

pileta

sinc

cepillo

brws

esponja

sbwng

batidora

peiriant cymysgu

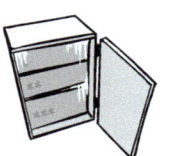

congelador

rhewgell

mamadera

potel babi

canilla

tap

baño

ystafell ymolchi

calefacción
gwres
ducha
cawod
toalla
tywel
cortina de ducha
llen gawod
baño de espuma
baddon ewyn
bañadera
baddon
vaso
gwydr
lavarropas
peiriant golchi
canilla
tap
baldosas
teils
pelela
potyn
pileta
sinc

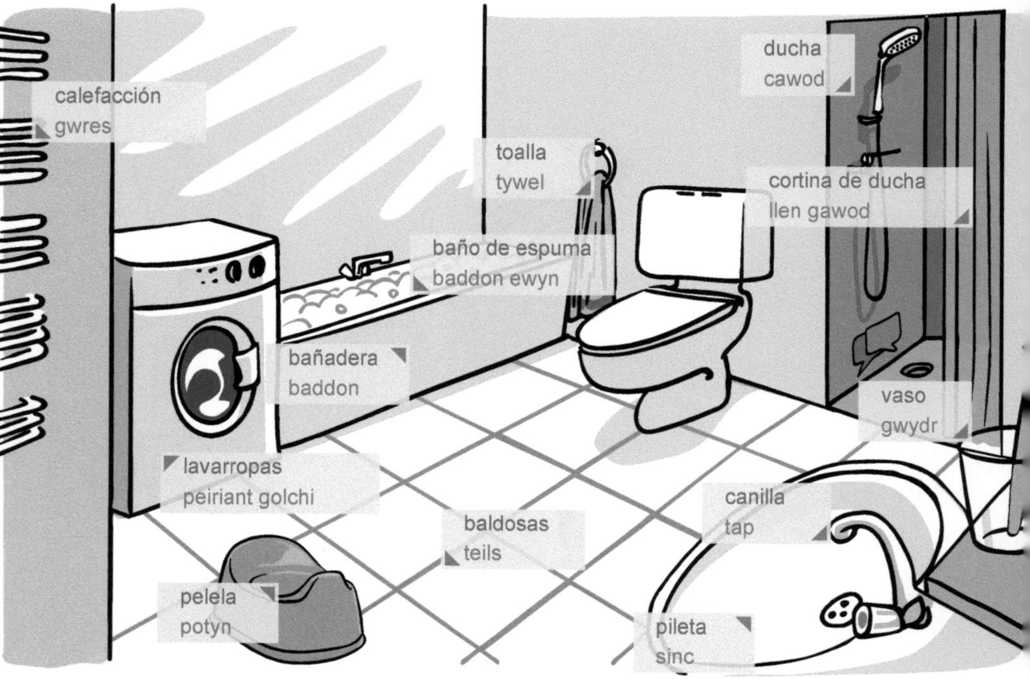

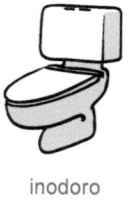

inodoro

tŷ bach

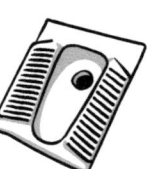

letrina

toiled cyrcydu

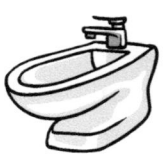

bidé

bidet

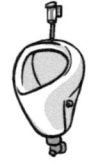

mingitorio

troethfa

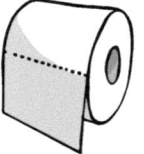

papel higiénico

papur tŷ bach

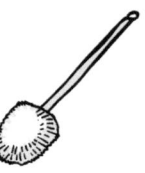

cepillo para el inodoro

brws tŷ bach

cepillo de dientes

brws dannedd

dentífrico

past dannedd

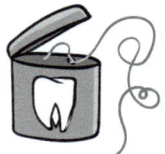

hilo dental

edau ddannedd

lavar

golchi

ducha de mano

cawod llaw

ducha higiénica

golchfa

palangana

basn

cepillo para espalda

brws-ôl

jabón

sebon

gel de ducha

gel cawod

shampoo

siampŵ

toallita

gwlanen

desagüe

ffos

crema

hufen

desodorante

diaroglydd

baño - ystafell ymolchi

39

espejo

drych

espejito

drych llaw

maquinita de afeitar

rasel

espuma de afeitar

ewyn eillio

aftershave

sent eillio

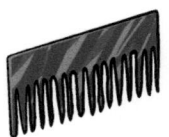

peine

crib

cepillo

brws

secador de pelo

sychwr gwallt

spray

chwistrell gwallt

maquillaje

colur

lápiz de labios

minlliw

esmalte para uñas

farnais ewinedd

algodón

gwlân cotwm

tijera para uñas

siswrn ewinedd

perfume

persawr

portacosméticos

bag ymolchi

banqueta

stôl

balanza

clorian

bata

gŵn baddon

guantes de goma

menig rwber

tampón

tampon

toallita femenina

tywel misglwyf

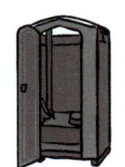

baño químico

toiled cemegol

cuarto de los chicos

ystafell plentyn

despertador
cloc larwm
peluche
tegan anwes
coche de juguete
car tegan
sonajero
cleciwr
casa de muñecas
tŷ dol
regalo
anrheg

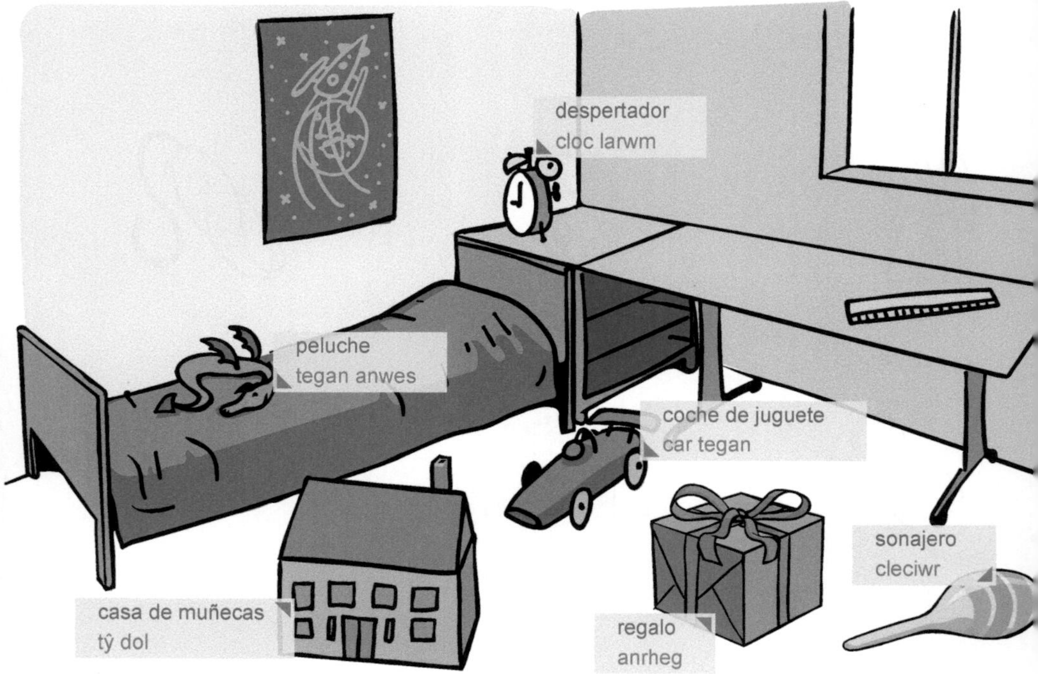

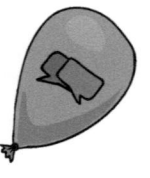

globo

balŵn

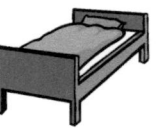

cama

gwely

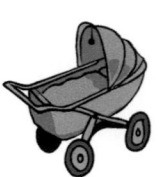

cochecito

pram

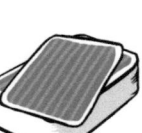

cartas

pecyn o gardiau

rompecabezas

jig-so

SUPER
MEGA

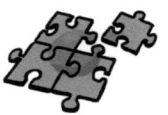

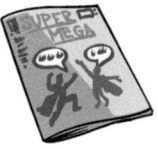

historieta

comic

piezas de lego

brics Lego

ladrillos de juguete

blociau adeiladu

figura de acción

ffigur gweithredu

enterito (de bebé)

babygro

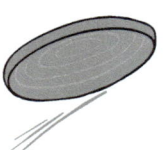

frisbee

ffrisbi

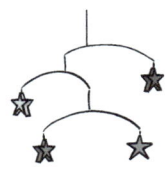

móvil para bebés

ffôn symudol

juego de mesa

gêm fwrdd

dados

deis

tren eléctrico

set model trên

chupete

teth lwgu

fiesta

parti

libro de cuentos ilustrado

llyfr lluniau

pelota

pêl

muñeca

dol

jugar

chwarae

arenero

pwll tywod

hamaca

swing

juguetes

teganau

consola de videojuegos

consol gemau fideo

triciclo

beic tair olwyn

osito de peluche

tedi

armario

cwpwrdd dillad

ropa

dillad

medias

hosanau

medias panty

hosanau

calzas

teits

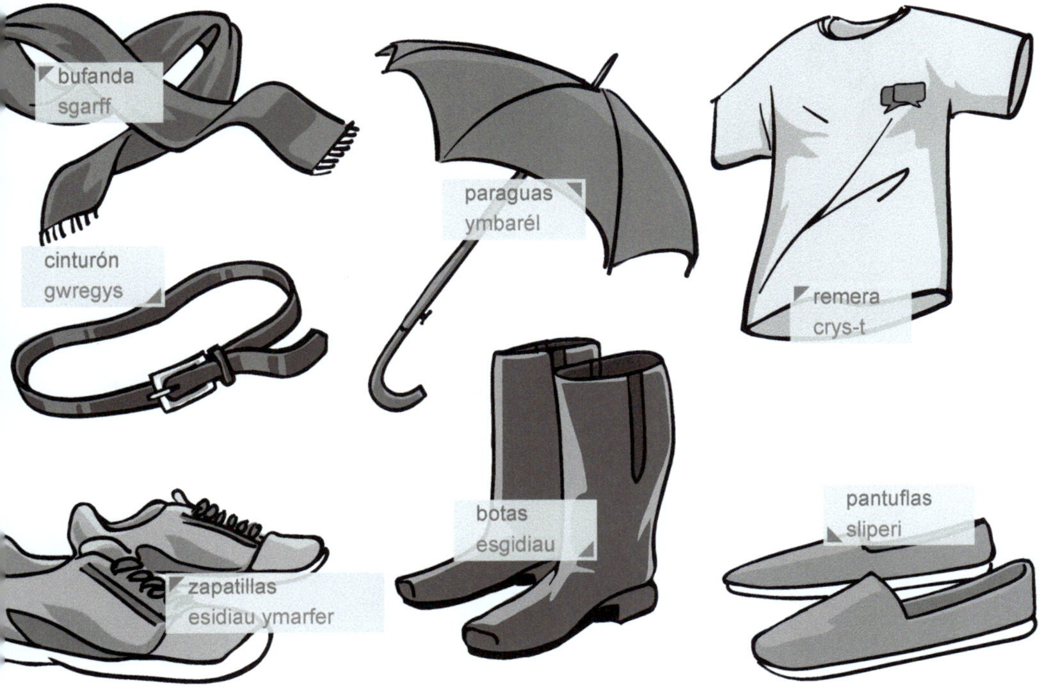

bufanda
sgarff

cinturón
gwregys

paraguas
ymbarél

remera
crys-t

botas
esgidiau

pantuflas
sliperi

zapatillas
esidiau ymarfer

sandalias
....
sandalau

zapatos
....
esgidiau

botas de goma
....
esgidiau rwber

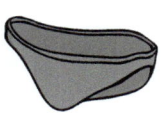

ropa interior
....
trôns

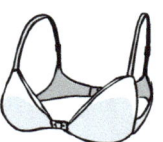

corpiño
....
bra

chaleco
....
fest

body
corff

pantalones
trowsus

jeans
jîns

pollera
sgert

blusa
blows

camisa
crys

pulóver
pwlofer

buzo
hwdi

blazer
blaser

campera
siaced

tapado
côt

piloto
côt law

traje
gwisg

vestido
gŵn

vestido de novia
gwisg briodas

traje
siwt

camisón
gŵn nos

pijama
pyjamas

sari
sari

pañuelo para cabeza
sgarff pen

turbante
tyrban

burka
bwrca

caftán
cafftan

abaya
abaya

traje de baño
gwisg nofio

short de baño
trowsus nofio

shorts
siorts

jogging
tracwisg

delantal
ffedog

guantes
menig

botón

botwm

anteojos

sbectol

pulsera

breichled

collar

cadwyn

anillo

modrwy

aro

clustdlws

gorra

cap

percha

cambren

sombrero

het

corbata

tei

cierre

sip

casco

helmed

tiradores

fframiau danedd

uniforme escolar

gwisg ysgol

uniforme

gwisg

babero

bib

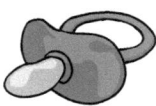

chupete

teth lwgu

pañal

cewyn

oficina
swyddfa

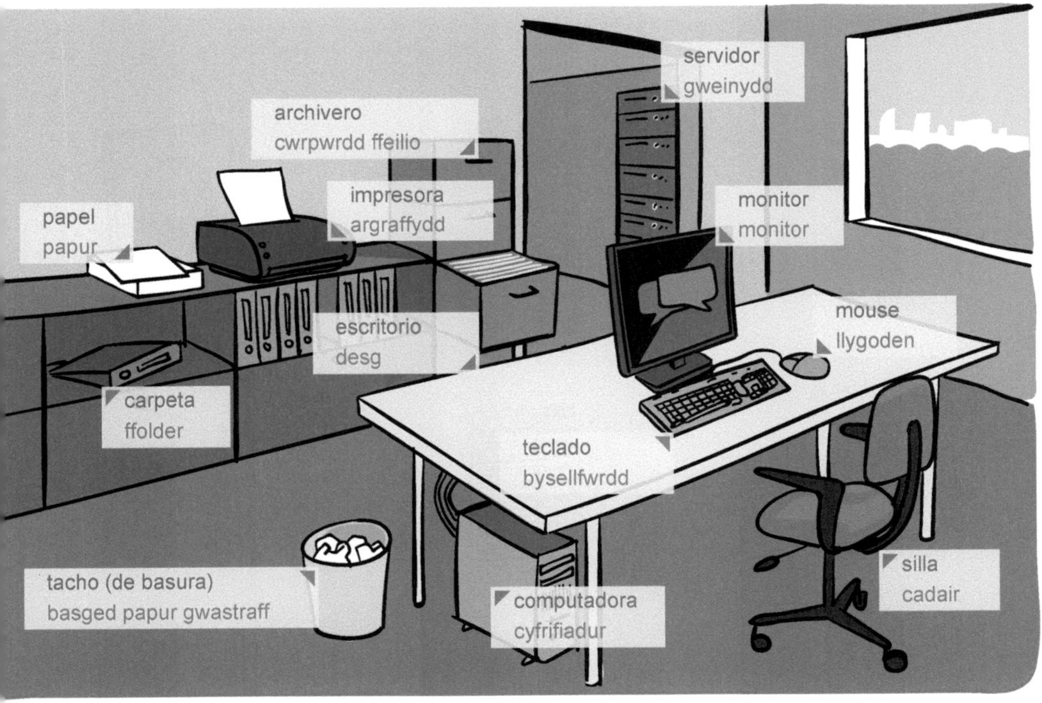

servidor
gweinydd

archivero
cwrpwrdd ffeilio

impresora
argraffydd

monitor
monitor

papel
papur

mouse
llygoden

escritorio
desg

carpeta
ffolder

teclado
bysellfwrdd

silla
cadair

tacho (de basura)
basged papur gwastraff

computadora
cyfrifiadur

taza de café

mwg coffi

calculadora

cyfrifiannell

internet

rhyngrwyd

laptop
gliniadur

carta
llythyr

mensaje
neges

celular
ffôn symudol

red
rhwydwaith

fotocopiadora
llungopïwr

software
meddalwedd

teléfono
teleffon

tomacorriente
soced plwg

fax
peiriant ffacs

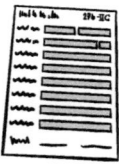

formulario
ffurflen

documento
dogfen

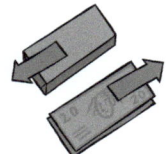

comprar

prynu

pagar

talu

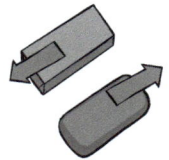

hacer negocios

masnachu

dinero

arian

dólar

doler

euro

ewro

yen

yen

rublo

rwbl

franco suizo

ffranc y Swistir

yuan

yuan renminbi

rupia

rwpi

cajero automático

peiriant arian

casa de cambio

swyddfa gyfnewid

oro

aur

plata

arian

petróleo

olew

energía

ynni

precio

pris

contrato

contract

impuesto

treth

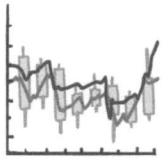

acción

stoc

trabajar

gweithio

empleado

cyflogai

empleador

cyflogwr

fábrica

ffatri

negocio

siop

ocupaciones
swyddi

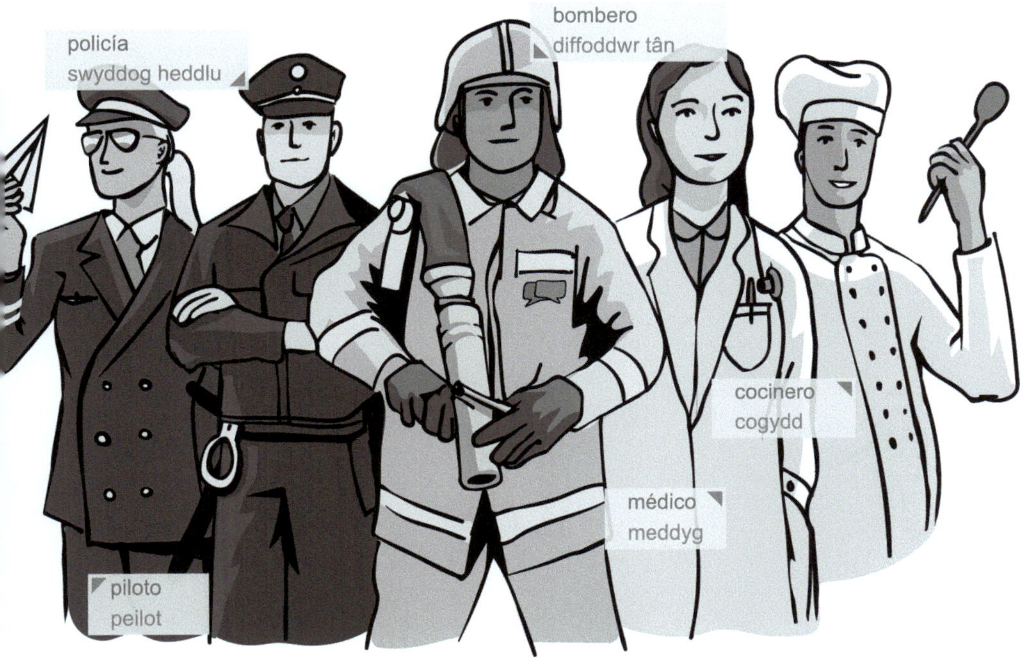

policía
swyddog heddlu
bombero
diffoddwr tân
cocinero
cogydd
médico
meddyg
piloto
peilot

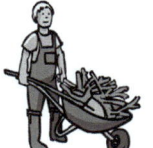

jardinero
garddwr

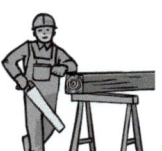

carpintero
saer

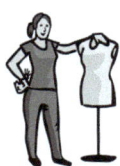

modista
gwniadwraig

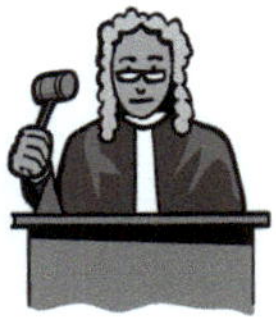

juez
barnwr

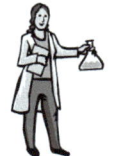

farmacéutico
fferyllydd

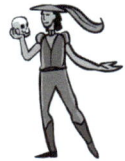

actor
actor

colectivero

gyrrwr bws

taxista

gyrrwr tacsi

pescador

pysgotwr

mucama

glanhawraig

techista

töwr

mozo

gweinydd

cazador

heliwr

pintor

paentiwr

panadero

pobydd

electricista

trydanwr

albañil

adeiladwr

ingeniero

peiriannydd

carnicero

cigydd

plomero

plymiwr

cartero

dyn y post

soldado
milwr

arquitecto
pensaer

cajero
ariannwr

florista
gwerthwr blodau

peluquero
triniwr gwallt

cobrador
archwiliwr tocynnau
rheilffordd

mecánico
mecanydd

capitán
capten

dentista
deintydd

científico
gwyddonydd

rabino
rabi

imán
imam

monje
mynach

sacerdote
clerigwr

herramientas

offer

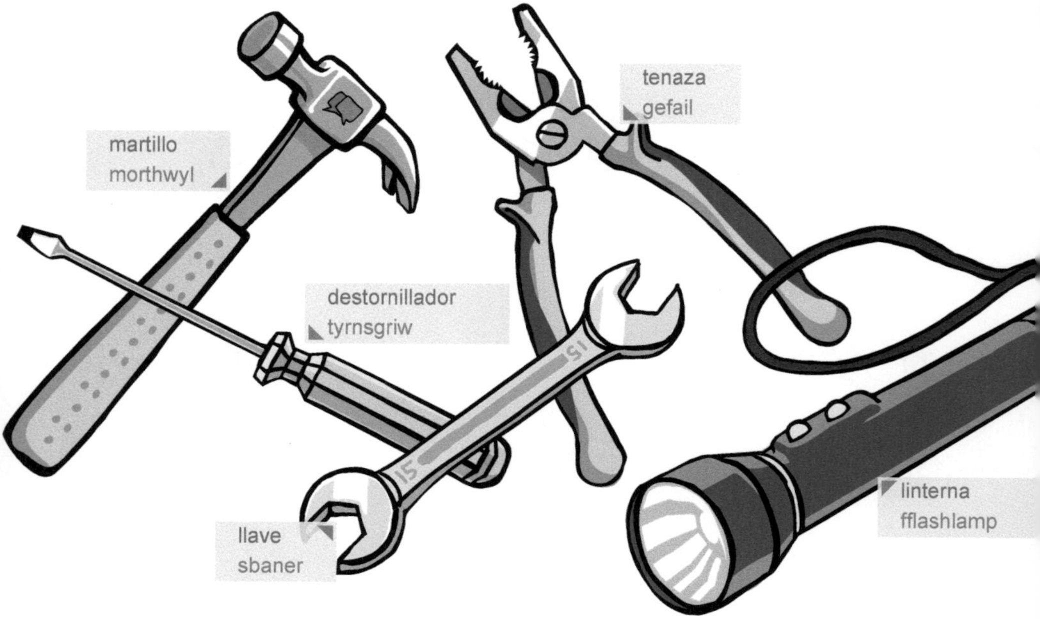

martillo
morthwyl
tenaza
gefail
destornillador
tyrnsgriw
llave
sbaner
linterna
fflashlamp

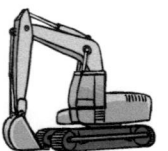

excavadora

turiwr

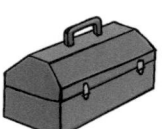

caja de herramientas

blwch offer

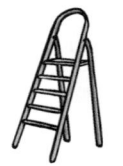

escalera portátil

ysgol

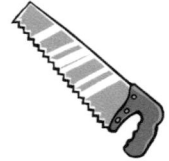

sierra

llif

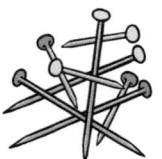

clavos

hoelion

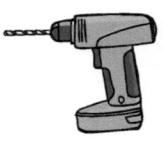

taladro

dril

arreglar

trwsio

pala de jardín

rhaw

¡Qué bronca!

Daria!

pala de plástico

rhaw lwch

tacho de pintura

pot paent

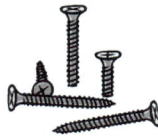

tornillos

sgriwiau

instrumentos musicales
offerynnau cerdd

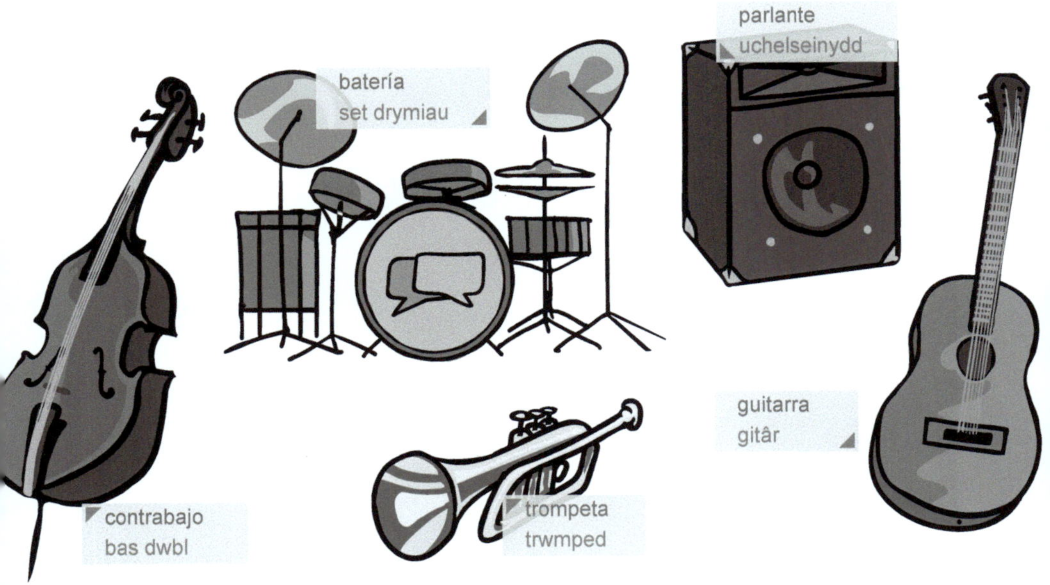

batería
set drymiau

parlante
uchelseinydd

guitarra
gitâr

contrabajo
bas dwbl

trompeta
trwmped

piano

piano

violín

ffidil

bajo

bas

timbales

timpani

tambor

drymiau

teclado

cyweirfwrdd

saxofón

sacsoffon

flauta

ffliwt

micrófono

meicroffon

zoológico
sŵ

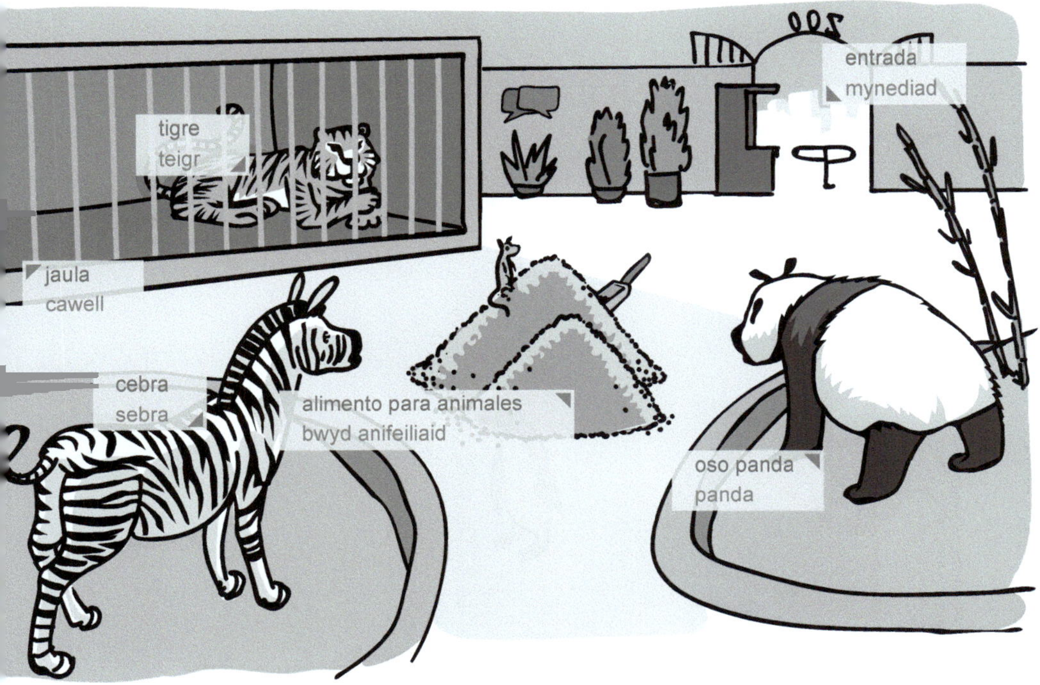

zoo
entrada
mynediad
tigre
teigr
jaula
cawell
cebra
sebra
alimento para animales
bwyd anifeiliaid
oso panda
panda

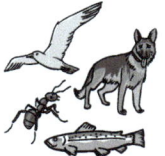

animales
anifeiliaid

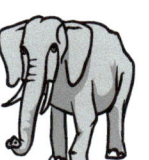

elefante
eliffant

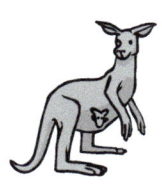

canguro
cangarŵ

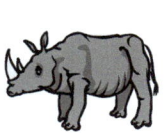

rinoceronte
rhinoseros

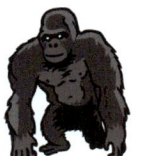

gorila
gorila

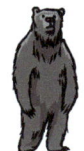

oso
arth

camello

camel

avestruz

estrys

león

llew

mono

mwnci

flamenco

fflamingo

loro

parot

oso polar

arth wen

pingüino

pengwin

tiburón

siarc

pavo real

paun

serpiente

neidr

cocodrilo

crocodeil

cuidador del zoológico

gofalwr sŵ

foca

morlo

jaguar

jagwar

poni

merlyn

leopardo

llewpard

hipopótamo

hipo

jirafa

jiráff

águila

eryr

jabalí

baedd

pescado

pysgodyn

tortuga

crwban

morsa

walrws

zorro

llwynog

gacela

gafrewig

fútbol americano
pêl-droed America

ciclismo
beicio

tenis
tennis

básquet
pêl-fasged

natación
nofio

boxeo
bocsio

hockey sobre hielo
hoci iâ

fútbol

pêl-droed

bádminton

badminton

atletismo

athletau

handball

pêl-law

esquí

sgïo

polo

polo

actividades
gweithgareddau

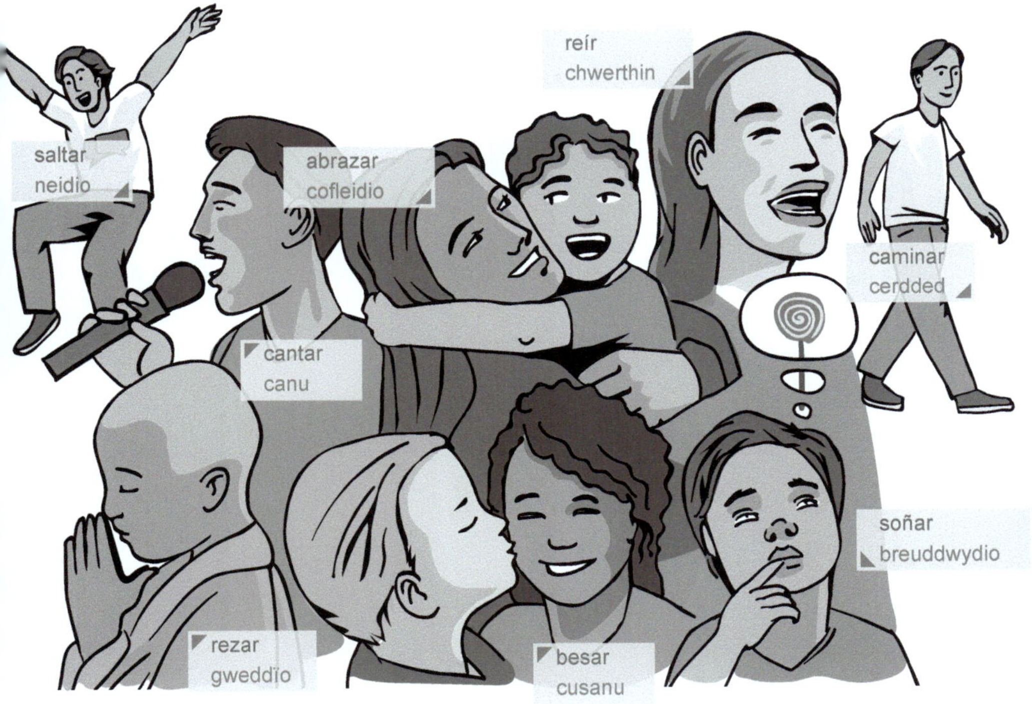
reír
chwerthin
saltar
neidio
abrazar
cofleidio
caminar
cerdded
cantar
canu
soñar
breuddwydio
rezar
gweddïo
besar
cusanu

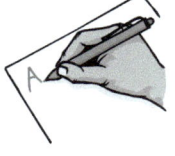

escribir

ysgrifennu

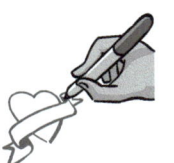

dibujar

tynnu

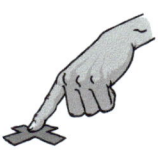

mostrar

dangos

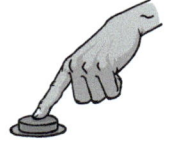

presionar

gwthio

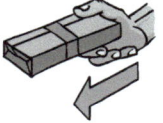

dar

rhoi

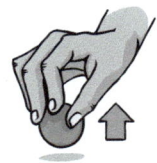

tomar

cymryd

tener
bod gan

hacer
gwneud

ser
bod

estar parado
sefyll

correr
rhedeg

tirar
tynnu

tirar
taflu

caer
disgyn

estar acostado
gorwedd

esperar
aros

llevar
cario

estar sentado
eistedd

vestirse
gwisgo amdanoch

dormir
cysgu

despertar
deffro

mirar

edrych ar

llorar

crïo

acariciar

anwesu

peinar

cribo

hablar

siarad

entender

deall

preguntar

gofyn

escuchar

gwrando

beber

yfed

comer

bwyta

ordenar

tacluso

amar

caru

cocinar

coginio

manejar

gyrru

volar

hedfan

navegar

hwylio

calcular

cyfrifo

leer

darllen

aprender

dysgu

trabajar

gweithio

casarse

priodi

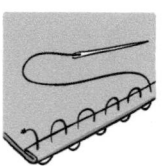

coser

gwnïo

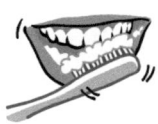

cepillarse los dientes

brwsio dannedd

matar

lladd

fumar

ysmygu

enviar

anfon

abuela
nain

abuelo
taid

padre
tad

madre
mam

bebé
baban

hija
merch

hijo
mab

invitado

gwestai

tía

modryb

tío

ewythr

hermano

brawd

hermana

chwaer

cuerpo
corff

frente
talcen
ojo
llygad
hombro
ysgwydd
dedo
bys
cara
wyneb
pera
gên
mano
llaw
pierna
coes
pecho
bron
brazo
braich

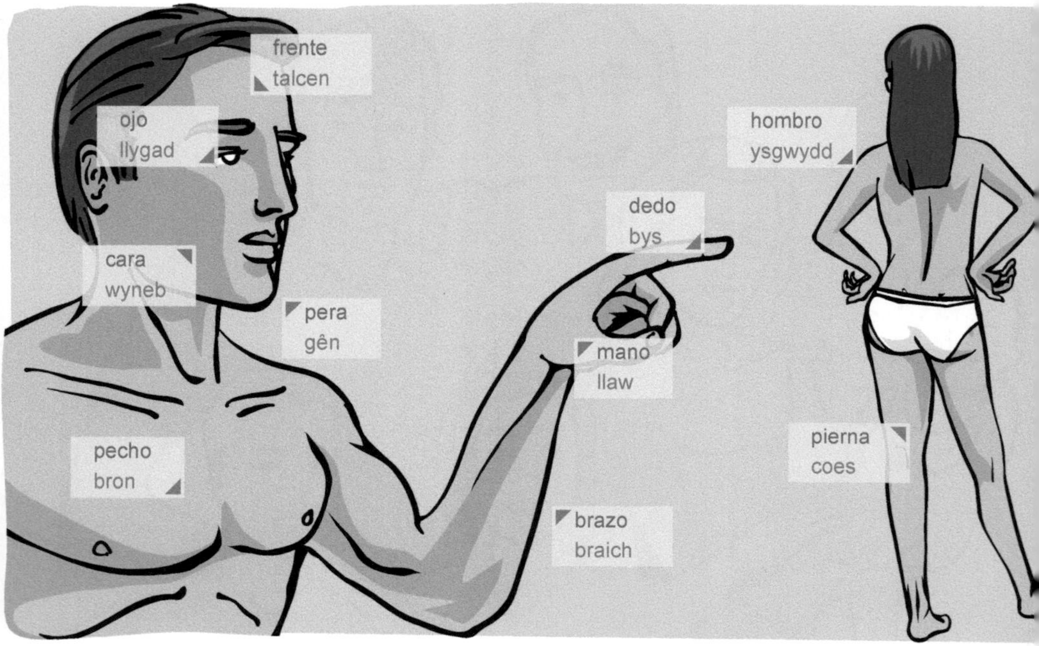

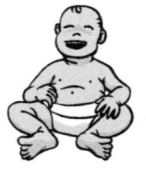

bebé
baban

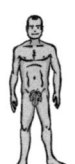

hombre
dyn

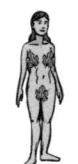

mujer
gwraig

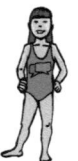

nena
geneth

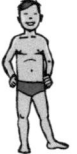

nene
bachgen

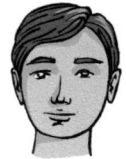

cabeza
pen

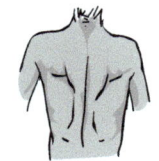

espalda

cefn

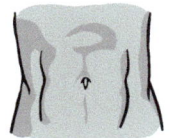

panza

bel

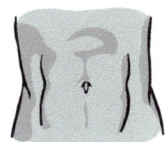

ombligo

bogail

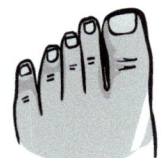

dedo del pie

bys troed

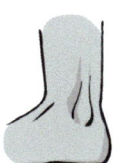

talón

sawdl

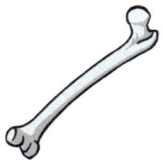

hueso

asgwrn

cadera

clun

rodilla

pen-glin

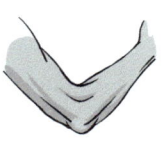

codo

penelin

nariz

trwyn

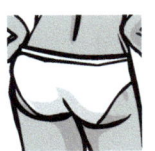

cola

pen ôl

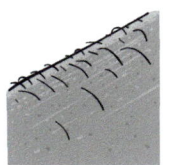

piel

croen

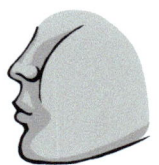

cachete

boch

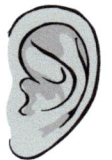

oreja

clust

labio

gwefus

boca

ceg

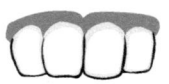

diente

dant

lengua

tafod

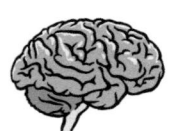

cerebro

ymennydd

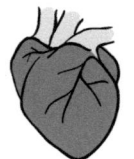

corazón

calon

músculo

cyhyr

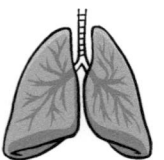

pulmón

ysgyfaint

hígado

iau

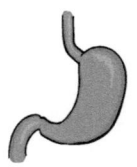

estómago

stumog

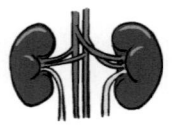

riñones

arennau

sexo

rhyw

preservativo

condom

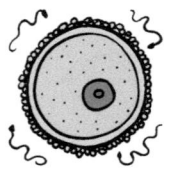

óvulo

ofwm

semen

semen

embarazo

beichiogrwydd

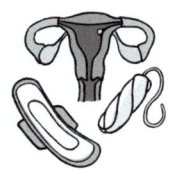

menstruación
....
mislif

vagina
....
fagina

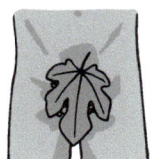

pene
....
pidyn

ceja
....
ael

pelo
....
gwallt

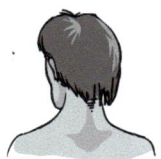

cuello
....
gwddf

hospital
ysbyty

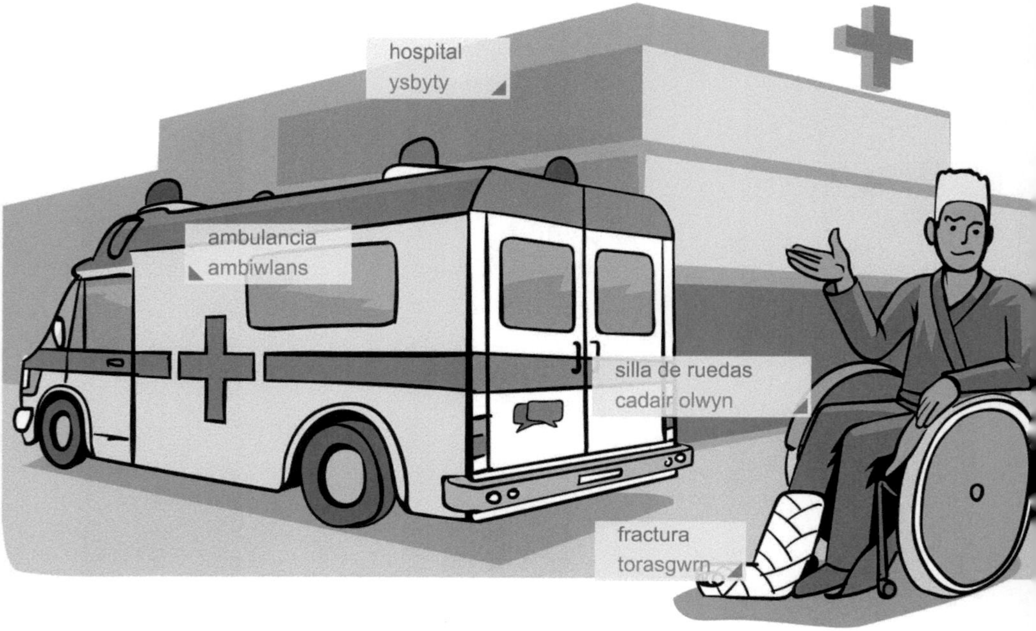

hospital
ysbyty
ambulancia
ambiwlans
silla de ruedas
cadair olwyn
fractura
torasgwrn

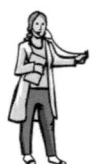

médico

meddyg

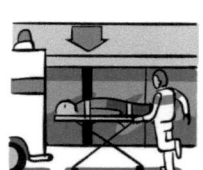

sala de guardia

ystafell argyfwng

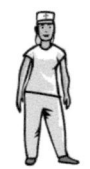

enfermera

nyrs

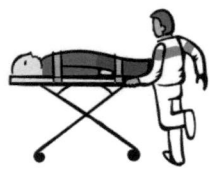

emergencia

argyfwng

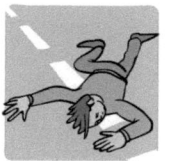

inconsciente

anymwybodol

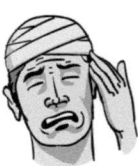

dolor

poen

lesión

anaf

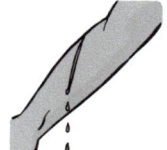

hemorragia

gwaedu

infarto

trawiad ar y galon

ACV

strôc

alergia

alergedd

tos

peswch

fiebre

twymyn

gripe

ffliw

diarrea

dolur rhydd

dolor de cabeza

cur pen

cáncer

canser

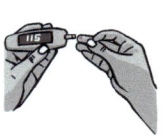

diabetes

diabetes

cirujano

llawfeddyg

bisturí

fflaim

operación

gweithrediad

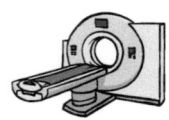

TC
CT

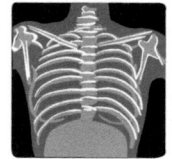

rayos x
pelydr-x

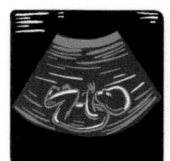

ecografía
uwchsain

barbijo
mwgwd wyneb

enfermedad
clefyd

sala de espera
ystafell aros

muleta
bagl

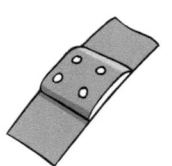

curita
plastr

venda
rhwymyn

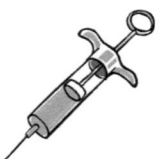

inyección
pigiad

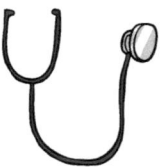

estetoscopio
stethosgop

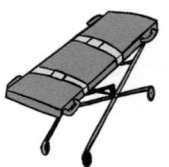

camilla
elorwely

termómetro
thermomedr clinigol

nacimiento
genedigaeth

sobrepeso
dros bwysau

audífono

cymorth clyw

desinfectante

diheintydd

infección

haint

virus

firws

VIH / SIDA

HIV / AIDS

remedio

meddygaeth

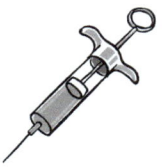

vacunación

brechiad

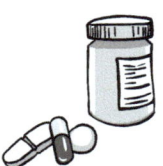

comprimidos

tabledi

pastilla anticonceptiva

y bilsen

llamada de emergencia

galwad frys

tensiómetro

monitor pwysau gwaed

enfermo / sano

yn sâl / yn iach

hospital - ysbyty

¡Ayuda!

Help!

alarma

larwm

agresión

ymosodiad

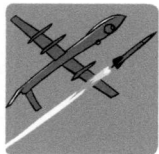

ataque

ymosodiad

peligro

perygl

salida de emergencia

allanfa argyfwng

¡Fuego!

Tân!

matafuego

diffoddwr tân

accidente

damwain

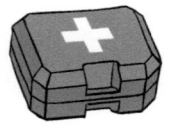

botiquín de primeros
auxilios

pecyn cymorth cyntaf

SOS

SOS

policía

heddlu

Europa

Ewrop

América del Norte

Gogledd America

América del Sur

De America

África

Affrica

Asia

Asia

Australia

Awstralia

Atlántico

Iwerydd

Pacífico

y Môr Tawel

Océano Índico

Cefnfor yr India

Océano Antártico

Cefnfor yr Antarctig

Océano Ártico

Cefnfor yr Arctig

polo norte

Pegwn y Gogledd

polo sur

Pegwn y De

Antártida

Antarctica

Tierra

y Ddaear

tierra

tir

mar

môr

isla

ynys

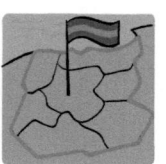

nación

cenedl

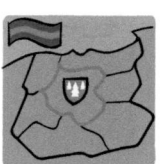

estado

gwladwriaeth

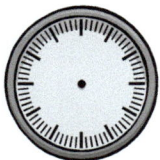

esfera

wyneb cloc

manecilla de las horas

bys awr

minutero

bys munud

segundero

bys eiliad

¿Qué hora es?

Faint o'r gloch yw hi?

día

dydd

hora

amser

ahora

yn awr

reloj digital

cloc digidol

minuto

munud

hora

awr

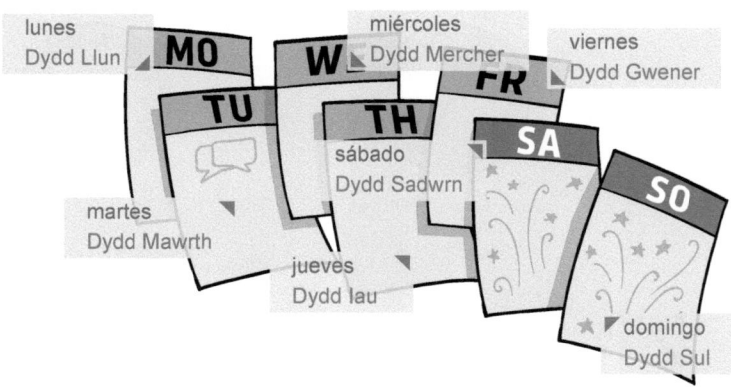

lunes
Dydd Llun

miércoles
Dydd Mercher

viernes
Dydd Gwener

martes
Dydd Mawrth

sábado
Dydd Sadwrn

jueves
Dydd Iau

domingo
Dydd Sul

ayer
ddoe

hoy
heddiw

mañana
yfory

mañana
bore

mediodía
canol dydd

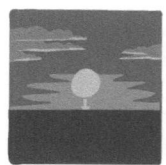

tarde
noswaith

días hábiles
diwrnodiau busnes

fin de semana
penwythnos

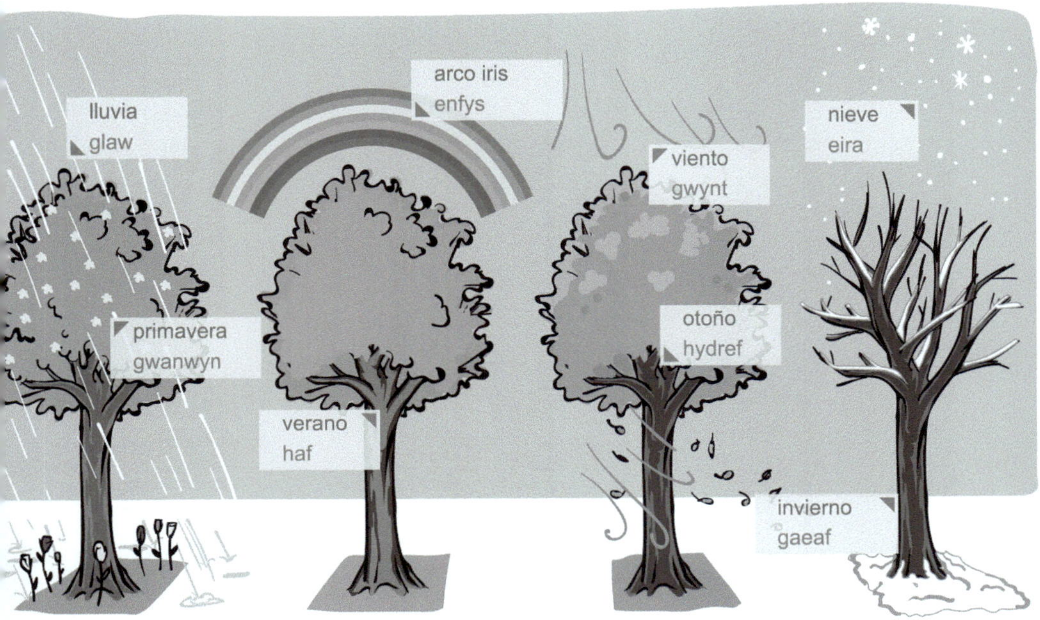

arco iris
enfys

lluvia
glaw

nieve
eira

viento
gwynt

primavera
gwanwyn

otoño
hydref

verano
haf

invierno
gaeaf

4.APRIL	11°	☀
5.APRIL	4°	⛅
6.APRIL	13°	☁
7.APRIL	8°	❄
8.APRIL	10°	☀

ronóstico meteorológico

rhagolygon y tywydd

termómetro

thermomedr

luz del sol

heulwen

nube

cwmwl

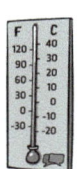

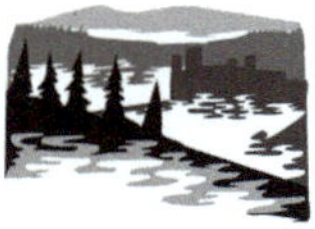

niebla

niwl tew

humedad

lleithder

rayo

mellt

trueno

taranau

tormenta

storm

granizo

cenllysg

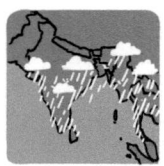

monzón

monsŵn

inundación

llif

hielo

iâ

enero

Ionawr

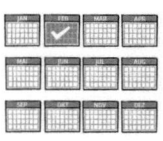

febrero

Chwefror

marzo

Mawrth

abril

Ebrill

mayo

Mai

junio

Mehefin

julio

Gorffennaf

agosto

Awst

año - blwyddyn

septiembre
....
Medi

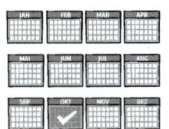

octubre
....
Hydref

noviembre
....
Tachwedd

diciembre
....
Rhagfyr

círculo
....
cylch

cuadrado
....
sgwâr

rectángulo
....
petryal

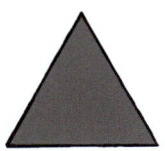

triángulo
....
triongl

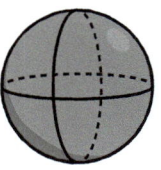

esfera
....
sffêr

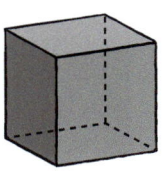

cubo
....
ciwb

blanco

gwyn

amarillo

melyn

naranja

oren

rosa

pinc

rojo

coch

violeta

porffor

azul

glas

verde

gwyrdd

marrón

brown

gris

llwyd

negro

du

mucho / poco

llawer / ychydig

enojado / tranquilo

dig / tawel

lindo / feo

hardd / hyll

principio / fin

dechrau / diwedd

grande / chico

mawr / bach

claro / oscuro

llachar / tywyll

hermano / hermana

brawd / chwaer

limpio / sucio

glân / budr

completo / incompleto

gyflawn / anghyflawn

día / noche

dydd / nos

muerto / vivo

farw / yn fyw

ancho / angosto

eang / cul

comestible / no comestible

bwytadwy / anfwytadwy

malo / amable

drwg / caredig

entusiasmado / aburrido

llawn cyffro / diflasu

gordo / flaco

tew / tenau

primero / último

cyntaf / olaf

amigo / enemigo

cyfaill / gelyn

lleno / vacío

llawn / gwag

duro / blando

caled / meddal

pesado / liviano

trwm / ysgafn

hambre / sed

wedi newynnu / yn sychedig

enfermo / sano

yn sâl / yn iach

ilegal / legal

anghyfreithlon / cyfreithiol

inteligente / estúpido

deallus / twp

izquierda / derecha

chwith / dde

cerca / lejos

agos / pell

nuevo / usado

wydd / wedi'i ddefnyddio

nada / algo

dim / rhywbeth

viejo / joven

hen / ifanc

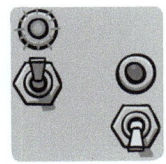

encendido / apagado

ymlaen / i ffwrdd

abierto / cerrado

ar agor / ar gau

silencioso / ruidoso

tawel / uchel

rico / pobre

cyfoethog / tlawd

correcto / incorrecto

cywir / anghywir

áspero / suave

garw / llyfn

triste / contento

trist / hapus

corto / largo

byr / hir

lento / rápido

araf / cyflym

mojado / seco

gwlyb / sych

caliente / frío

cynnes / claear

guerra / paz

rhyfel / heddwch

0

cero

sero

1

uno

un

2

dos

dau

3

tres

tri

4

cuatro

pedwar

5

cinco

pump

6

seis

chwech

7

siete

saith

8

ocho

wyth

9

nueve

naw

10

diez

deg

11

once

un deg un

12

doce

un deg dau

13

trece

un deg tri

14

catorce

un deg pedwar

15

quince

un deg pump

16

dieciséis

un deg chwech

17

diecisiete

un deg saith

18

dieciocho

un deg wyth

19

diecinueve

un deg naw

20

veinte

dau ddeg

100

cien

cant

1.000

mil

mil

1.000.000

millón

miliwn

inglés

Saesneg

inglés americano

Saesneg America

chino mandarín

Tsieinëeg Mandarin

hindi

Hindi

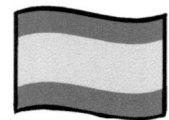

español

Sbaeneg

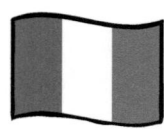

francés

Ffrangeg

árabe

Arabeg

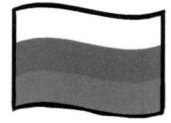

ruso

Rwseg

portugués

Portiwgaleg

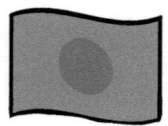

bengalí

Bengali

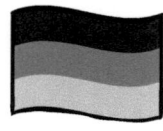

alemán

Almaeneg

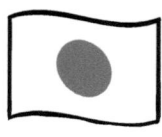

japonés

Siapanaeg

yo

fi

vos

ti

él / ella

ef / hi

nosotros

ni

ustedes

chi

ellos

nhw

¿quién?

pwy?

¿qué?

beth?

¿cómo?

sut?

¿dónde?

ble?

¿cuándo?

pryd?

nombre

enw

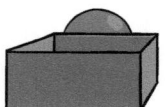

detrás

y tu ôl i

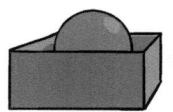

en

yn / yng / ym / mewn

adelante de

o flaen

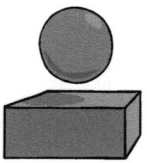

por encima de

dros

sobre

ar

debajo de

dan

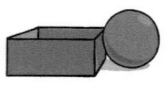

al lado de

wrth ochr

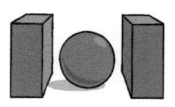

entre

rhwng

lugar

lle